学校では
教えてくれない
大切なこと 16

考える力の育て方

マンガ・イラスト オオタヤスシ

旺文社

はじめに

テストで100点を取ったらうれしいですね。先生も家族もほめてくれます。でも、世の中のできごとは学校でのテストとは違って、正解が1つではなかったり、何が正解なのかが決められないことが多いのです。

「私はプレゼントには花が良いと思う」「ぼくは本が良いと思う」。どちらが正解ですか。どちらも正解。そして、どちらも不正解という場合もありますね。

山登りで仲間がケガをして動けない。こんなときは「動ける自分が方位磁石にしたがって下りてみる」「自分もこのまま動かずに救助を待つ」。どちらが正解でしょう。状況によって正解は変わります。命に関わることですから慎重に判断しなくてはなりません。

このように、100点にもなり0点にもなりえる問題が日々あふれているの

が世の中です。そこで自信をもって生きていくには、自分でとことん考え、そのときの自分にとっての正解が何かを判断していく力が必要になります。

本シリーズでは、自分のことや相手のことを知る大切さと、世の中のさまざまな仕組みがマンガで楽しく描かれています。読み終わったときには「考えるって楽しい！」「わかるってうれしい！」と思えるようになっているでしょう。

本書は「考える力の育て方」がテーマです。私たちは、小さなことから大きなことまで、常に考えて決断して生きています。毎日の生活の中で、自分でじっくり考えたり友だちとアイデアを出し合ったりすれば、その場の状況に応じて臨機応変に行動できるようになります。自分の人生をより豊かに生きられるよう、考える力を育てていきましょう。

旺文社

もくじ

3章 アイデアを生み出そう

4章 アイデアを実現させるには？

スタッフ
●編集
山野友子
●編集協力
右田桂子　（株式会社スリーシーズン）
森田香子
●装丁・本文デザイン
木下春圭
（株式会社ウエイド）
●本文イラスト
オオタヤスシ
（Hitricco Graphic Service）
●校正
株式会社ぷれす

する仲間たち

館ケ江テル

- 発明が得意な小学4年生
- 決めゼリフは「キター!!
  ひらめき100ワット！」
- 運動は大の苦手

アイデボー

- テルが発明したお掃除ロボット
- 会話はもちろん家事もこなす
  テルの相棒
- なぞの進化をし，
  考え方の基本を
  教えてくれるように

館ケ江家

ツキナミ王国の人々

王様（ゲンジョー・イジ）

- ツキナミ王国の
  平凡な王
- 口癖は「キープ，キープ」

しつじぃ

- 王家のお世話をする執事
- 王国の将来を心配している

留学

王子（ゲンジョー・ダハ）

- 王国の発展の
  ために留学！
- 素朴ながら
  頭脳明晰
- 身体能力が
  高い

この本に登場

テルのお母さん
（館ケ江ようか）

- 喜怒哀楽が激しいタイプ
- おしゃべりが大好き

テルのお父さん
（館ケ江太陽）

- おっとりした，優しい性格
- ルーをかわいがっている

ルー

- テルの両親が結婚当初から飼っているネコ
- 知能が高く，アイデボーとは会話ができる

テルのクラスメート

平目きっこ

- クラスのマドンナ的存在
- ファッションリーダーでもある

鳥江元気

- 野球やサッカーが得意
- 冬でも半袖シャツを着ている

並野平太

- おっとりしていて優しい
- とんかつが大好き

厚木心

- おとなしいけど個性的
- 実は心の中は熱い

キーンコーンカーンコーン
ワイワイワイ
あっ！テル君！
今日の放課後、遊べる？
遊ぶって言っても、いつもの場所でいつもの遊びだけどな！
でも、それも楽しいもんねぇ〜。
ごめ〜ん。今日は遊べないんだよね…。
トホホ…
また工作？
母さんに話せるお掃除ロボットを作ってあげたいと思っててさ。

もうすぐ考えがうかびそうなんだよ…。
キてます キてます…
そ…そうなんだ…。
フム…。
まだやってる
ドム
かっこつけてんじゃねーよ！こいつぅ！
頑張って！応援してるネーーー♥
じゃーねー
たまには遊ぼうぜ！
うん…。いいロボットができたら見せるね…。
まだやってる
しゅたっ
ただいまーー！
おかえり、テル！ちょっと聞いてよ、今日さーー！あのさーほいさーどっこいさー！
ぺちゃくちゃ
ぺちゃ
出たー！母さんの長話…。
う、うん！とりあえず部屋で研究しているから！タイサ〜〜ン！
ダッ
待ちなさいよちょっと!!

母さんのおしゃべり好きには参っちゃうなー。
フ～～！…
ヤレヤレ…
「話せるお掃除ロボ」ができれば、母さんの話し相手ができて、母さんにもぼくにもいいことだらけだな！
完成までもうすぐ！世紀の大発明だゼーーー！
うおおやったるぞー
ンナ～ゴ
そのころ――
ハァ～～。どないしよ…。困ったのぉ…。
ツキナミ王国しつじぃ
どよ～～ん…
は～…
ここは地球上に存在するものの未だだれも知らない秘密の国ツキナミ王国――。
我が国に工夫は不要～！フツーを愛し、フツーな国に～。キープ、キープじゃ！新しい考えは捨てるのじゃぞ！
ハハ～！

ってことで～、よろちくネ～。
ばいばい～い
って王様は言わはるけど、何も考えなくてええなんてこと、あるんかいな…。この国の行く末がめっちゃ心配や…。
はうっ。こんなこと考えることすらあかんのやったわ…。難儀やな～。
しょうみなハナシ…
どうしたの、しつじぃ。
あっ！　王子！
実は、このしつじぃツキナミ王国の将来が心配で…。いろいろと考えてしまいますねん！どないしたらええのんやー！
ずいっ
うわ～
うおおおおお
このままではこの王国はあきまへん！王子！今こそ考える力を付けるために国外へご留学を!!
ガクガク

わかったよ、しつじぃ！行くよ！王国の将来のためにっっ!!
おおっ
ご立派になられて…。では王様の寝ている間に、このカプセルで異国の地へ！
？
え？
シュル
わわ～！
シュル
うわ～～～～！
ガァ
？
ぬおう!!
ブオァ
あうあわ
キラーン
頼みましたぞ、王子…。
そのころテルの家では――
できたー！
ついに完成だ！名付けて…
おしゃべりお掃除ロボアイデボーだっっっ！
アイアイサ～

つかれた〜。今日のところはもう寝よっと。母さん、喜んでくれるかな…。
あぁ〜…
オイラの名前はアイデボー。で、あんた、だれ？
ストン…
ぐー
もう寝たアイ。どんだけ寝つきがいいんだアイ？
ヒュー…
ヒュー
ン
コン…
コロコロ…
マンガ
MANGA
んがー
ZZZ…
シュルルル
カパ
着いたぞ…。ここはどこだ…？
キョロキョロ
んがー

翌朝──
チュン チュン
んまー! すごいじゃない!! テル、天才じゃないのー!?
へーーー。かわいいなぁ。
なんて名前なの、このコ♥
しょうかいするよ。おしゃべりお掃除ロボ、「アイデボー」だよ。話し相手にもなってくれるよ!
アイアイサ～
なでなで
あら、ルーのしっぽ、吸いこんでるワヨ…。
あ。
ブオオオオ
プギー!
プスプス…
えーっと…。おそれ入りますが…。
ここはどこで…、
あなたたちはだれでしょうか?
ていうか、あんただれーー!?
ビビン
ビビン
?
ハハハ…。どーなることやら…。

1章

「考える力」はなぜ必要？

「考える力」ってなんだ？

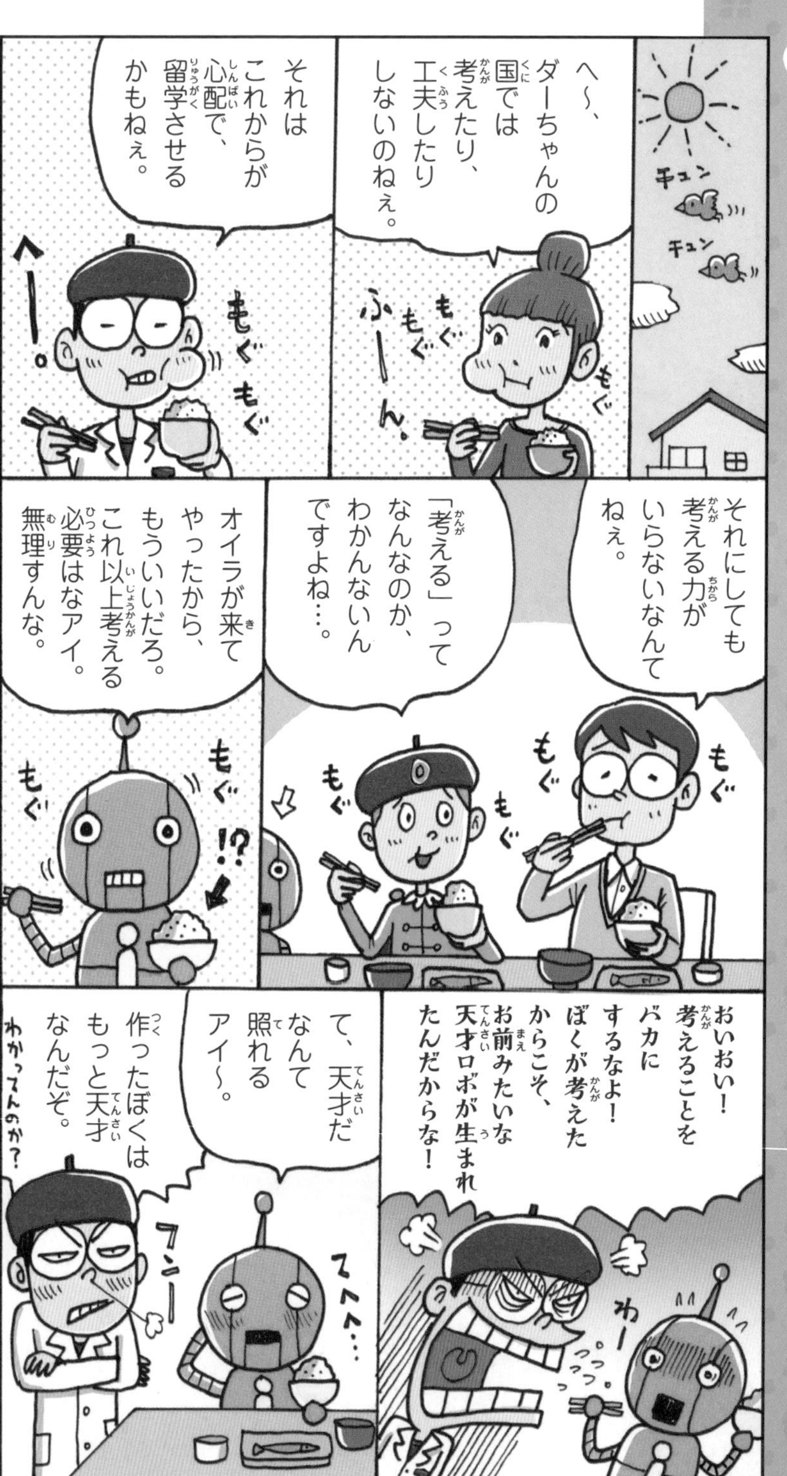

チュン
チュン
もぐ
へ～、ダーちゃんの国では考えたり、工夫したりしないのねぇ。
もぐもぐ
ふ～ん。
それはこれからが心配で、留学させるかもねぇ。
もぐもぐ
へー。
それにしても考える力がいらないなんてねぇ。
もぐ
もぐ
もぐ
「考える」ってなんなのか、わかんないんですよね…。
もぐ
もぐ
オイラが来てやったから、もういいだろ。これ以上考える必要はないアイ。無理すんな。
もぐ
もぐ
!?
おいおい！考えることをバカにするなよ！ぼくが考えたからこそ、お前みたいな天才ロボが生まれたんだからな！
わー
て、天才だなんて照れるアイ～。
てへへ…
作ったぼくはもっと天才なんだぞ。
フンー
わかってんのか？

「考える力」とは工夫やアイデアのこと！

例えば，考える力が足りないと…

●面白くない

アイデアのない遊びは，つまらない。

●不便なまま

きちんと考えられていないものは，不便。

●進歩がない

工夫もせず，成長せずにずっとそのまま。

「考えること」は，もっといい方法を作ることなんだアイ。

へー、考える力を付けたくて留学ねー。オレ、なんにも考えてねーぜ！
ほじ ほじ
そ、そうなんですね…。
元気君は考えてなさすぎなのよ！
お母さんは「お母さんの言うとおりにしなさい！」って言うよね。考えないほうがいいのかな？
そうそう、こないだもオレがさぁ…。
ぬいだ服は洗濯機に入れなさい！
はーい…。って、持っていくのが面倒なんだよな…。
MAMA
ぬぎ ぬぎ
あ〜
ぬぎ ぬぎ
おっ
ピタッ
スパーン
ぬぎながら歩けば洗濯機前ジャストォォ！
ってアンタパンツしか入ってない!!
ってさ。せっかくのオレの工夫を！
なかなかいいアイデアじゃん！
それはいい工夫じゃないからぁー！
子どもには工夫はできないの？
?
?
?

アイデボーCHECK! こういうのもアイデアや工夫だ！

少しでも素敵に，おしゃれしたいという工夫だアイ！

手では届かないものを道具を使って取るなんて，なかなか考えたアイ！

平太の思い出ノート

北海道の人たちは住宅に工夫をして，寒さや雪をしのいでいるんだね。

あたし、こないだ沖縄に行ったんだけどぉ。
バカンスよ♡
なんだ、旅行自慢かよ、お前ら。
しら～…
まあまあ
確か、こんな感じ…。

きっこの思い出ノート
沖縄の住宅は暑さ対策と，台風に強い工夫がされているんだ。
すずしいかりゆしウェア
風通しのよい平屋建て
台風から家を守る防風林
雨や風を防ぐ雨戸
台風の暴風雨をさえぎる高いへい
日ざしがまぶしいワ…
注 きっこだよ!

暑いとこ、寒いとこでいろいろな工夫があるんだな。
みんな、便利で暮らしやすいほうがいいもんね。
だれかのひらめきが広がったんだアイ。
スッ
わー
わー
うわー!

ンナーーゴ
う〜ん、じゃあ世の中のことは過去のだれかが考えたもの？
そのとーり！たくさんの人のアイデアと工夫のおかげで便利な世の中になってるんだアイ。
ま〜だ昼休みの話を続けているのかい？
しょうがねぇ！こいつを使いな！
えー!!テル!?
発明ナンバー53！アイデアスコープだぁあああ！
くわっ
テッテレ〜
説明しよう
アイデアスコープはものを照らすだけでそのものの昔の姿を映し出してくれる便利な道具なのであーる！
テル（談）
TERU
カメラ
ポワ〜ン
というわけで、試しに母さんのスマホのもとをたどってみよう。
チャッ
なんかこわいからこっち向けないでくれます？

ファファ…
アイデアスコープでスマホの歴史をさかのぼって見てみよう
現在
スマホ
ガラケー
1990年代後半～
ケータイ
1990年代前半～
1980年代～
1980年代前半～
親機　子機
1970年代～
ジリリーン
黒電話
電話!?
1920年代～
電話の発明者
グラハム・ベル
ベルです。
1876年

へー。
電話にもこんなに歴史があるんだね。
どんなものでもだれかのアイデアや工夫で進化してきたんだアイ。
いよぉおし！ぼくも…。
世紀の大発明するぞぉおおお！
いつにも増して暑苦しいな、テル…。

大切なのは「もっとよくしたい」気持ち

テルの部屋――
テルはどういうものを発明したいんだアイ？
キリッ
う～ん。ぼくは便利なもの、人の役に立つものを作りたいんだ。
キメすぎでしょ…。
つぎは
あっちよ!!
アイアイサー！
ブォォ
確かにオイラはママさんのお役に立ってるアイ～。
あたしがおしゃれを工夫するのは、もちろんかわいく見られたいから♥
キャピ
キミかわうぃ～よ♥
サッ
オレはドッジボールで勝ちたいから、投げ方を工夫しているぞ！
オラァ!
シャッ
ゴゥッ
ぼくは、とんかつを毎日食べたいからお母さんに、とんかつとんかつと言い続けているヨ。
と～はと～んかつのと～♪
どーしたのかしらあの子…
それ工夫なの？

テルのまとめノート

アイデアのもとは
いろいろなところにあるね。

あっっっ!!
キター!! ひらめき100ワーーット!!
ガッ
バババッ
わー!!
トンテンカン トンテンカン トンテンカン
できたぞ! 発明ナンバー54 アイデアスコープ・ネオ!
説明しよう
アイデアスコープ・ネオとはものを照らすだけで、それを発明した人の感情が見られるようになるのだ! テル(談)
じゃあ、試しにこのスマホを…。

フフフ…
アイデアスコープ・ネオで
発明前の感情を見てみよう!
ワクワク
外で自由に話せる電話を作れないかな…。
自分のアイデアにワクワクしているわ!
さらに時代をさかのぼると…
スグカエレ
電報じゃ伝わるのに時間がかかるなぁ。
電話がない時代は不便だったろうね…。

アイデボーのひらめき

もっといいものを考えるためには，「どうにかしたい」という気持ちが大切だアイ！

面白い！
もっと
知りたい！

もっと
かわいく
なるには？

ものごとに「絶対」はない

どよ〜ん
は〜
ぱ〜
はあ〜
はあ〜
ど、どうしたんですか？そんな暗い顔して…。
今度の体育、逆上がりのテストなんだ…。絶対ムリだよ…。
ひぃっ
ヌッ
明日の給食、大きらいなニンジンが入っているの…。残さず食べるなんて絶対ムリよ…。
いやあああ
ヌッ
わー
これは「絶対ムリ病」だぜ…。
説明しよう
「絶対ムリ病」とは、あらゆるものごとを「絶対にできない」と思いこむ、深刻な病である！
テル（談）
ムリだ…
ダメだ…
うおおおい！
みんな！世の中に「絶対」なんてないんだよぉおおお！
わー

「絶対ムリ病」は「知ること」で治る

ものごとの始まりや歴史を調べてみよう

そのものの成り立ちを知ると，工夫の仕方がわかるぞ。

ものごとの基本に目を向けてみよう

基本的なことに目を向けると，できる方法が見えてくるぞ。

「絶対ムリ病」を克服するには基礎的な知識が大事ってことだアイ！

数日後――
はっ
ぐるん
たすっ
ほっ
バッ
しゅたっ
しゅたっ
す、すごい！どうやって練習したんですか？
タオルを使ってこしが落ちないようにしてみたんだ！
なるほど！工夫したんですね！
あたしはニンジンのことをたくさん調べたら愛着がわいてきて…。パンにはさんで食べたらおいしかったの！
意外とうまい!!
ニンジンコーデよ♡
極端ですネ…
NINJIN
どや!!
みんな、すごいや！工夫とアイデアで「できない」を「できる」にしたんですね！
ズイ
できるようになるって楽しい！もっとできるようになりたい！
工夫やアイデアって発明とかするえらい人だけのものじゃないんだね！

すごいな平太！自信がついて、やる気まんまんじゃないか！
エヘヘ…
よしっ！ぼく次は大車輪に挑戦するぞ！
大技すぎだアイー！
あたし…。ニンジンみたいな人と結婚したいな…。
ぶっ飛びすぎてよくわからないアイー！
ガーン
ポッ
NINJIN
まぁ、ちょっと極端だけど、絶対ムリとは言えないアイ。
そうだよ！二人とも頑張ってくださいね！
いよぉぉおおし！ぼくも頑張ってニンジンみたいな男になるぞぉおお！
キリッ
…。
ゴゴ
ゴゴ
ゴ
みょうなやる気、ドン引きだわ～。

知りたい気持ちってステキ

テルのまとめノート

気になったことや知りたいことは，そのままにしないことサ！

気になったことの調べ方

本で調べる

図書館へ行って，知りたいことに関わる本を読んでみよう。

インターネットで検索する

検索サイトに知りたいキーワードを入力して調べてみよう。

くわしい大人に聞く

家族や先生など，身近な大人に質問するのもおすすめ！

博物館などに行く

実際に見たり聞いたりすると，思わぬ情報をゲットできるかも。

掃除機が発明されたのは約150年前なんだね～。
アメリカだって
へ～
そんな昔に…。
よりよくしたい、便利にしたいって思うところがアイデアの出発点なんだアイ～。
ゴゴゴ
ニャッ
すごい！なんて速さなんだ！
フフフ…。アイデボーの内蔵精密機器には超特急に使われてもおかしくない、秘密のエンジンを利用したんだよ…。
チョウトッキュウ？
おや、知らないのかい？
フフフ…
よし！じゃあ、みんなで超特急を見に行こう！
やったー！行こう、行こう！
すごい！これが超特急か！
旺文駅
おうぶんえき
ŌBUN STATION
どうして先っぽは、あんな形をしているんだろう？
どうしてあんなに速く走れるんだろう？

超特急、すばらしかったです！でも…先っぽはどうしてああいう形なんですか？どういう発想なんでしょう…。
そう！その知りたい気持ちが大事なんだ！
親子…
キリッ
キリッ
そうさ！よし！今度は博物館に行って、鉄道のもっとくわしくなろう！
インターネットで調べれば今すぐわかるんじゃなアイ？
博物館に行くことでその答え以外の面白いことも知れるんだ！
謎のポーズ
ビシッ
ニョキ
そこへ行けばいいアイデアがひらめくのかアイ？
残念ながらアイデアは自分の頭で考えないと、生まれないいんだよ。
すげーのびた
ニョキニョキ
わ…わたくしの頭でアイデアを!?
アイデア
アイデア
アイデア
そう！そうやって「考える力」が身に付くんだよ！
それならオイラにも知りたいことがあるんだアイ。なんでオイラはロボットなのにおなかが減るんだアイ？
グ～…
それは母さんが知りたいわよ！家族が増えちゃって食費が大変なんだから！
まあまあ…

トーマス・エジソン

アイデアが尽きたとしても，そこでやめちゃダメだ。いいアイデアはきっとそこまで下りてきている。考え続けることで，必ずアイデアがひらめくはずだぞ！

トーマス・エジソン（1847-1931）

「その名を知らない者はいない発明王」と呼ばれ，白熱電球を使った電灯や映画の原型「キネトスコープ」，オーディオの原型「蓄音機」などたくさんの発明をした人だ。

とことん考えて，行きついた「かべ」をさらに乗りこえようという精神力は，さすが発明王だアイ！

アルバート・アインシュタイン

「不思議だな」と思うことは素敵なこと。「なぜ？」「どうして？」という好奇心こそが，すべてのアイデアにつながっているんだよ。

アルバート・アインシュタイン（1879-1955）

「20 世紀最大の物理学者」と呼ばれ，ノーベル物理学賞も受賞しているよ。物理学（中学や高校以降で学ぶ理科の学問）の世界で，ものすごい発見をたくさんしているんだ。

どうして？ なぜ？ これでいいの？って問い続ければ，いつかきっと答えに出合えるアイ！

ルイ・パスツール

ひらめくために，なにか苦労したり，準備はしているかな？　まずは行動を起こして，なにかを始めてみることが一番大切なことなんだ。

ルイ・パスツール（1822-1895）

伝染病にならないためのワクチン（予防接種の薬）を作った微生物学者。その研究のなかで，調味料の「す」を大量に作る方法やワインをくさらせない方法も見つけたぞ！

なんにもしなければ，アイデアはひらめかないってことアイね～。

機能満載！
アイデボー 大解剖！

アイデボー・コンピューター
いろいろな知識がここに入っている。テルが開発した以上のことができることも。

アイデボー・タワー
ここから出る電波で，人の心に語りかけたり，気持ちを読んだりできるんだ。

口から出る紙。インクジェット紙である。

アイデボー・アイ
100㎞先まで見ることができる。また，夜になると光り，ライト代わりにもなる。透視能力もあり。

アイデボー・ミラクルハンド
不思議となんでもくっつけることができる。

アイデボー・ロングネック
最長2ｍまでのびるのだ。

2m

アイデボー・シアター
いろいろなものの歴史が見られる液晶画面が内蔵されている。操作はアイデボーにしかできない。

アイデボー・タンク
口から食べたものがここに入り，エネルギーに変わる。家庭用電気で充電もできる，ハイブリッドタイプだ。

吸いこんだゴミがたまっている（意外とたくさんはためられない）。

なぞの小袋
なぜここにあるのかすらなぞである。

モップの機能も付いていて便利！

2章

いろいろなアイデアのもと

見方を変えるとうまくいく

心さんの新築のおうちに行けるなんて、うれしいなぁ〜。手土産はフツーにようかんですかね!?
ズズ…
ありきたりだアイ。
家にはいろいろなアイデアがつまってるって言ってたよ。楽しみだなー。
ズズ…
ズズ…
ガシャーン
うわ〜
うわー! アイデボー! どしたー!?
プスプスプス…
自転車につまずいて転んだアーイ…!
スーパー玉入
24 HOUR
なんだアイ! この自転車の並べ方!! 吸いこんだろかー!
ぐちゃ…

張り紙がしてあるけど守らない人がいるんだな。意味ないじゃん。
自転車はきれいに置いてください。
店主
普通に守ってくれればいいだけなのに…。
ピーー
カタ カタ カタ
わーー! 急にどうしたーー!?
カタ
口から紙が…。こんな機能付けた覚えねーぞ。
ものの見方を変えるべし!?
ものの見方を変えるべし
ジジ
ジジ
ものの見方って…こうか?
あっ、へが出た。
プッ
そういうことじゃないアイ!
フザケルナ
こうだよね、アイデボー♥
苦しい…
だからちがうってばアイーーーー!! 吸いこんだろかーー!
ぐぐっ
オマエハアホカ
じゃー、どういう意味なんだよっ!

アイデボーCHECK! 見方を変えて考えてみよう

お店のシャッターに落書きをされて困っている商店街があるよ。どういう対策をすればいい？

よくある考え方

だれかに見張りで立ってもらうのはどう？

一晩中見張るのは大変だアイ。

見方を変えて考えよう！

見張らずに，落書きさせないためには…？

落書き犯がためらう方法…。
先にシャッターに絵をかいちゃえ！

ナイスアイテア！

イベントでみんなでシャッターにお絵かきしたよ。

落書き犯は落書きをする気がなくなったんだ！

でも、どんな工夫をすればいいんだろう…？
キキッ
はっ
キター‼ ひらめき100ワーーット‼
あの車、停止線で止まったね。駐輪場にも線を引けばいいんだ！
なるほどだアイ！早速やってみるアイ〜。
どっからチョーク出したんだよ…。
フンフ〜ン
あっ！ちゃんと線に止めてるっ‼
ガチャ
よいしょっと
ちょっとしたアイデアでうまくいくものなんですね〜。
どや⁉
ピーガー
ん？
このあと、アイデボーはとなり町まで線を引き続けたという――。
ピピー
プシュー
ガガ
シャーー
まだ線、引いてるんかーい！

なんだか不思議な形の家だな〜。
ホントにここが心さんの家なんでしょうか…。
これかな…
ピンポーン
どれがホンモノ!?
はーい!みんなぁ!いらっしゃーい!
心のお父さん
ヘキサゴンハウスへようこそ!
ヘキサゴンとは…ロッカクケイのこと…。
上からみたトコロ
せやせや、よう知ってるなぁ。この家、全部が六角形でできてるねん。
入って、入って!こちらへどうぞ!
家の中も変わったものだらけだな〜。
部屋も六角形になってるんだ。
面白いでしょ?
ほえ〜

当たり前を疑おう

変わってると思うのはきみが常識にとらわれているからや。
ジョウシキ？なんですか？
ジョウシキとは「当たり前」とか「普通」だと思ってることだアイ。
当たり前…。普通…。
そやっ
いすが一本脚でなにがあかん？グラグラするいすなんておもろいし、腹筋付くぞ！
常識にしばられたらあかんで!!
オヤジさん、すげーアツい人だな…。
バクハツやー
この人、しつじぃに似てるなぁ…。
そ、そうだね……。
「これは常識」「当たり前」やと最初から考えることをやめてしまったら…。
アイデアは生まれへんで！
そっか！当たり前を見直してみるって面白いかも！
せや！やってみい！
意気投合してる…。

アイデボーCHECK! “当たり前”を見直してみよう

身近にある“当たり前”と思っていることについて，考えてみよう

日本の消防車はなぜ赤い？
救急車はなぜ白い？
きみなら何色がいいと思う？

かさの形は変えられないかな？
どんな形だと面白くなりそう？

ナーゴ
なんだか少し「考える」ってことがわかってきた気がするなー。
でも、当たり前にいたパピィやしつじぃがいないのはちょっぴりさびしいや…。
おぼっちゃま〜
キープキープ
しつじぃ
パピィ
ホロリ…
しんみり…
はっ
キター!! 100ワーーット!!
ひらめき
アイデボーの顔と髪型をダハ君のお父さん風に作りかえよう!
キープキープ
あ?
それじゃーロボットらしくないからいやアイー! 今のままがアイデボーらしさアイ!
いいじゃんか! 常識にとらわれるなっつーの!
ズキュン。
もう少し頑張ろうかな…。
ぐす…
アイデボーエターナルフォースアターック!
いでででで! やめろー! なんだ、その技はぁああ!

イライラは工夫のチャンス

アイデアスコープ・ネオで発明したときを見てみよう！

アイデボー
CHECK!
イライラはアイデアのもと
1 イライラを感じる
2 考える
3 アイデアがひらめく!
ったくっ!!
もっと便利にならない?
う〜〜ん…
もっとよくできない?
はっ

発明ナンバー55、名付けて「イライラカイシューン」だ!
説明しよう
イライラカイシューンとは人に当てるとその人のイライラを回収して紙に出して教えてくれるマシーンである! テル(談)
OUT
それっ 吸いこめ!
ブオォォォ
わー! なんだーー?
?
おっ、出てきた! なになに…?
母さんの出かける準備が長すぎ 父
通勤電車で座れない 父
結構イライラしてるなー。
カタカタ
カタカタ
OUT
ん?
いつも掃除機のヤロウにシッポを吸われる ルー
…って ルーにもイライラがあるのかよ!
ルーも大変なんだなー。
ニャ〜ゴ

お次は母さんの不満…。
うりゃ
ブオオオ
えっ!? なによいきなり!
また変な物を作って!
なになに…
最近アイデボーの吸引力がイマイチ 母 か。
そーなのよ。ゴミがたまってんのかしら?
よし、アイデボー。中を見せてごらん。
なんだよ、もー。めんどくさいなアイ〜。
えーーーー!!
カパッ
くつした
アイデボー……。
ぷる
ぷる
ぷる
ぷる
犯人は…お前か…。
ははは…。し、知らないアイよ…。
パタン
待たんか、コラー!
靴下ドロボー!!
スキュン
わー! 知らないアイーー!
てへ♡
ンナーゴ…

失敗は成功のもと

うわっ。だめだ！
また失敗だ〜！
なにやってるんですか？
プシューー
アイデボーに強力な水蒸気噴射装置をつけて空を飛べるようにしたくてサ。
へーー。
アイデボー君、今でもすごいのに、もっとすごい掃除機になっちゃいそうですね。
いやだよ〜。
翌朝——
チュン
チュン
発明のほうは進んだの？
ぜーんぜん…。失敗ばっかりでやる気ゼロだよ…。
もぐ
もぐ
そういえば知ってた？このコーンフレーク、ちょっとした失敗から生まれたものなんだって！
知らなかったでしょ！
えー、そうなの!? 知らなかったー！
どやっ
ズーン

母さんが解説 コーンフレーク誕生秘話

1894年 アメリカ――

ちょっくら出かけるべ。

小麦粉をこねたもの

カサカサ

行くべ、行くべ。

←ケロッグ兄弟

数時間後――

アレ？

兄ちゃーーん！モチモチになってるべーー！

モチモチ

モチモチでも焼いて、味付けたら…うまいべ！

さすが兄ちゃん！

これ牛乳かけてもイケてるべ！

パリ ポリ ポリ ポリ ポリ

兄ちゃん、これ売ってみるっぺよ！

いいべ。

これがコーンフレークの原型になったのよ!!

※とうもろこしの粉で作って改良したものが、コーンフレークになったんだ。

アイデボーCHECK! 失敗から生まれたもの

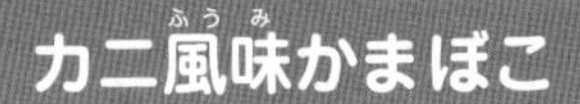

カニ風味かまぼこ

失敗したけれど，この歯ざわりはなにかに似ている…と考えて，カニ風味かまぼことして売り出して大ヒットだアイ！

使い捨てカイロ

お菓子を作る会社の人が，たまたま発明したのが使い捨てカイロの原型だったんだアイ。ねらいとはちがったけど，大発明だ！

あ〜〜。
また失敗だ〜。
頑張って!
気長にやるアイ。
はぁ〜。
わたし最近、老けてきちゃった気がするわ〜。
母さんのひらめき100ワーーット!!
アイデボーからもれる水蒸気をスチーム代わりにすれば顔のしわのばしになるんじゃない!?
ココ
ココ
プシ
プシ
美顔ー!!
バン
プシ
めちゃ熱ーー!!
なにしてんのー!?
プシ
?
ちゃんとした美顔器を作りなさいよぉおお!
ヒリ
ヒリ
?
プシ
失敗してもそれをどう生かすかってことが大事なんですね!
メモメモッと
MEMO
MEMO

オモシロ誕生秘話

アイデボー・シアター❶

ポスト・イット® ノート

1968年——。
アメリカの3M社（化学系メーカー）の研究員、シルバーさんはよくくっつく接着剤を作れないか研究していたアイ。

しかし「よくくっつき、きれいにはがれる」という接着剤ができあがってしまったんだアイ。
いわば〝失敗〟だアイ。

けれどシルバーさんは落ちこまずに…。

これはなにかに使えそうだ！

と、むしろこの接着剤のとりこに…。

アイデボーCHECK!

あきらめない心

もっとすごいなにかにつながるかも，とあきらめない心がステキだアイ！

シルバーさんはその日から、会社の他の人にその接着剤を見てもらい、「いい使い道はないか？」と聞いて回ったんだアイ。だけど、なかなかいいアイデアは出てこなかったんだアイ…。

アイデボーCHECK!

どんどん人に話す！

シルバーさんは失敗と決めつけずに，いろいろな人から多くのアイデアを集めようとしたんだアイ〜！

それから5年の月日が経ち…。シルバーさんの同僚、フライさんが教会で賛美歌を歌っていたときに、歌集にはさんでいたしおりがヒラヒラと落ちたんだアイ〜。

そのとき、フライさんは5年前にシルバーさんがへんてこな接着剤を見せてきたことを思い出したんだアイ!!

そこから、「のりつきしおり」として研究が進み、ポスト・イット® ノートが生まれたんだアイ！

アイデボーCHECK!

アツく取り組むこと

シルバーさんの情熱があったからこそ，フライさんのひらめきにつながったんだアイ！

無邪気なココロを忘れない

イエーイ！
授業おっわりーー！
見よっ！このバランス感覚！
ほっ
じー…
…。
別の日――
ぎゃははははー！
ブシューー
ひゃっはー
わー
じー…
ムリャー！！
うひょひょーーーー！
うわーー！
バシャ
?
じー…
最近、王子がぼくをジッと見つめてるんだ。あこがれられて参るよ、テヘ！
フフフ…
ちがうアイ！
王子が見ているのは、元気君だアイ！
本人に聞いてくるアイーー！
ちょ、待てよ！
速っ!!
ズキュン

え？
わたくしが元気さんを見てるって？
あ〜。なんだか元気さんはいつも楽しそうだな、と思って…。
ほーらアイ！
ガーン
この間も…。
こないだも公園の水道でびしょびしょにしたりあいつは子どもだー!!
わーわー
普通なんてつまんないぜ！ボールを3つに増やしてドッジボールやろうぜ！
面白そう！やろう、やろう！
わー
わー
わー
なんだか遊びの天才のようですよ…。
たしかに…
だれが天才だって？
ニヤニヤ
あっ！元気さん！
ピー
カタ
カタ
ワクワクをつき進め…！
カタ
カタ
ワクワク!?
ワクワクをつき進め！
カタ

アイデボーCHECK! ワクワクはアイデアのもと

一見子どもっぽい考えやワクワクする気持ちは，アイデアのもとになることもあるんだアイ。

イグノーベル賞

「人々を笑わせ，そして考えさせてくれるアイデア」に対してあたえられるのがイグノーベル賞だ。ちょっと笑える風変わりな研究や発明が，毎年話題になっているよ。

カラオケ

歌うことを楽しむことで，人々がお互いに優しくなった，という理由で受賞したんだ！

バナナの皮

バナナの皮を人がふんだときのまさつの力を研究して受賞！

これまで日本人が受賞したイグノーベル賞

バウリンガル

イヌの鳴き声を，人間の言葉に置きかえられる翻訳機を発明して受賞！

またのぞき

またからのぞいたとき，普通に見るよりもなぜ小さく見えるのかを研究して受賞！

う〜〜ん。ふざけてばかりの元気がアイデアの宝庫だったなんて…。ぼくも負けてらんない!!
ゴウ
っしゃーー！早速発明やーー！
ニコ ニコ
ガタッ
チュン チュン
なー
できたー！見た目とかおりでニンジンっぽさを演出した…。
名付けて、「キャロットシューズ」だぁあああ！
NINJIN
NINJIN
てつやした。
バーン
これできっこのハートをがっちりキャッチだぜー！
ステキ!!
フラ フラ
大丈夫？
ビミョーーだアイ…。
学校でーー
きっこ！これプレゼント！キャロットシューズだよ！
なにコレ…。ダサいし…くさいし…。
ビシッ
なんにもわかってない！やり直し!!
ヒュウゥゥ
ははは…
プン
プン

なんだかかゆいです。
ポリポリ
あら、カにさされたのね。
虫除けはしてるんだけど、困ったわねぇ。
ポリポリ
オイラはロボットだからさされないアイ〜。
あんたのん気でいいワネ〜
フム…。よし…。
なんか悪いこと言ったアイ〜?
次の日――
プ〜ン
血ィ吸うたろか〜
キャー!またカが来たわよー!!
なんや?
んがっ
バーカッ
ぽかーん
ん。
シュル
シュル

アイデボーCHECK! 自然の力もアイデアのもと

ヨーグルトがくっつかないふたは…

水をはじくハスの葉っぱを見た人が，ひらめいて作ったんだよ！

くつでよくあるベリベリは…
（面ファスナーというよ！）

ゴボウの実（通称：ひっつき虫）を見た人が，参考にして作ったんだ！

なるほどね～！
サメのはだをヒントにした水着もあるんだよ。
パタ
パタ
?
ンナーーーゴ
ルーの舌もヒントになりそうですね！
ザリ
いててて…
ガンコなよごれも落ちそうね…。
ペロ
ペロ
家事がラクになるワ♡
ガーン
ンナッ
かゆっ！またさされてる…。いつさされたのかな…。
あら～。またいつの間に…にくいヤツだわ！
ポリポリ
じゅんびばんたんアイ!!
力がさすくらいいつさしたかわからない、痛くない注射針なんて、どうよ！
どやっ
うで
めちゃ細い針
プツッ
お～！できたらいいね！
自然はアイデアの…。
宝庫やでぇぇぇ！
?

あっ！アイデボー！あそこ！つかまえて！
サッ
しばっ
手ごわいやつらね…。
にょんっ
しゅぱっ
しゅぱっ
舌をもっと長く!!数を増やして!!
くいっ
フム…。たくさんか…。
翌日——
できたぜ！新型アイデボー！
虫とり機能付き！
？
虫
見た目は変わってないよ♥
行けー！
ブ〜ン
しゅばっ
しゅばっ
ドロドロの粘液
ギュン
わー
ねばぁ〜
ねばぁ〜
ポタ
ポタ
しゅっ
そこだもっといけいけいけー！
なに、このネバネバ…。
掃除機が部屋をよごしてどーすんのよぉおお！
プ〜ン
わー！ごめんなさい！
ところで力のほうはつかまったんでしょうか…？

アイデアはたくさんあるほうがいい

はぁ～。
ズーン
大丈夫かい？
一体どうしたらうまくとれるんだろう…。
泣かなくても…。
グローブを大きく？
重っ！
パシッ
足にジェットを？
パシッ
シュゴー
すげー
う～ん…
グローブからあみが？
パシッ
バシッ
ど～なってるの!?
テレポーテーション？
パッ
ブッ
んなわけねーだろ!!
おまえよくそんなに思い付くな…。
テルくん、すごいなー。
足がみょーんとのびる…。
フム…
アイデアはたくさん出したほうがいいんだ！
例えば…。

回想（かいそう） アイデボーが生まれるまで

テルのなやみ

母（かあ）さんのおしゃべりをなんとかしたい。

考（かんが）えたアイデア

- 母（かあ）さんの口（くち）をふさぐ
- 部屋（へや）にかぎをかけて母（かあ）さんを追（お）い出（だ）す
- 母（かあ）さんの声（こえ）が聞（き）こえないイヤホンを作（つく）る
- 父（とう）さんが帰（かえ）ってから家（いえ）に帰（かえ）る
- ぬいぐるみをあげてなごませる
- 母（かあ）さんに鏡（かがみ）へ話（はな）してもらう
- 母（かあ）さんに難（むずか）しい問題（もんだい）を解（と）かせる
- ペットを飼（か）う

話（はなし）を聞（き）けるロボットを作（つく）る！
（家事（かじ）ができればなおよし）

100個のアイデアの中にスペシャルがあるかもしれないんだ!
だからもっと考えてみるよー!
ザパーン
おー!!
ただいまー。
今日は野球したんだって?
もぐもぐ
そうなんだ。今、ボールをとるアイデアを考えているよ。
フ〜ン
サッ
ほーー。すごいなー。
そうだ!アイデボーの舌にグローブを付けたらどうかな!?
シャッ
パシッ
ガーピー
おっ!なにかアドバイスがっ!?
ガタッ
カタ
カタ
あぁ…。
練習しろ

テルをおどろかせたい!

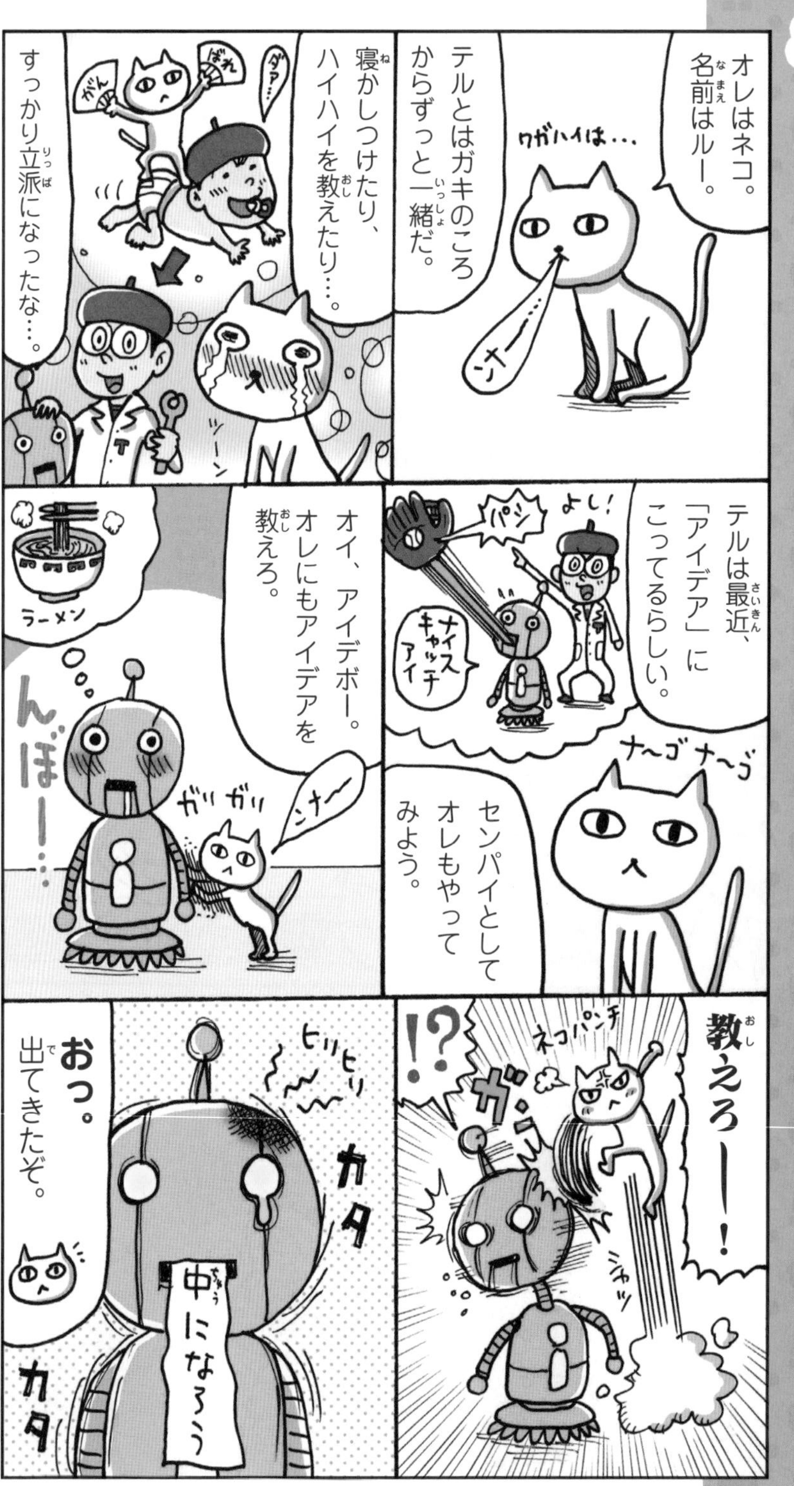

オレはネコ。名前はルー。
ワガハイは…
ナーン…
テルとはガキのころからずっと一緒だ。
寝かしつけたり、ハイハイを教えたり…。
ダァ…
がんばれ
すっかり立派になったな…。
ツーン
テルは最近、「アイデア」にこってるらしい。
よし!
パシ
ナイスキャッチアイ
ナ〜ゴナ〜ゴ
センパイとしてオレもやってみよう。
オイ、アイデボー。オレにもアイデアを教えろ。
ラーメン
んぼー…
ガリガリ
ニナ〜
教えろーー!
!?
ネコパンチ
ガン
シャッ
ヒリヒリ
カタ
カタ
おっ。出てきたぞ。
中になろう

アイデアマンになるコツ その1

夢中になろう！

夢中になれていると，どうなる？

お肉大好きHさん

夢中だからこそ…

お肉へのアイデアがつきない！

お肉は苦手なKさん

お肉はそんなに得意じゃないから…

お肉についてはなにもうかばない。他のことを考えているよ。

アイデアマンになるコツ その2

仲間と力を合わせる

もっと素敵なリボンでかわいくなりたいの！

リボン愛好家Kさん

仲間とアイデアを出し合うと…

楽しい＆ナイスアイデア！

一人だと行きづまって…

いいアイデアがうかばない！

「そうくるなら、わたしだって！」っていう気持ちだな。
あわンツー！
ジュッ
ジュッ
タン
タン
いいパンチ持ってるアイ…。
テルも昔はとび箱ができなくて…。
こわっ!!
モャ〜ン
回想シーンだアイ…
暗くなるまで頑張ってたし…。
もいっちょ
まだまだ!!
心というライバルもいた。
ガラガラ
ピカッ
負けへんで!!
工夫もしてたし…。
ふみこみがポイントなんだなー
ギシ
二人で頑張ってとべるようになったんだ…！
ぴょんこ
ぴょんこ
よっしゃー！
オレもアイデアを出してテルをびっくりさせたいんだ。
ひらめき100ワーットチャージ!!
ンナ〜
ンナ〜
だ…大丈夫かアイ…。

アイデアマンになるコツ その3

書いて、演じて、見えてくる！

書くとアイデアは整理される！

1 思い付いた単語を書こう

- ロボット
- つめとぎ
- イヌ
- ティッシュ
- 寝床
- 寝起き
- ぬいぐるみ
- ママさん

2 目的とその言葉をつなげてみよう

目的➡テルをおどろかせる

- おどろかせるロボット
- つめとぎでおどろかせる
- イヌでびっくり
- ティッシュでびっくり
- 寝起きにおどろかせる

演じると意外なことがうかんでくる！

1 演じると，テルの気持ちが見えるかも…。

2 研究中はだれが近づいても気づかないゾ。

3 イタズラしたところでおこるだけだ。

4 テルの気持ちが見えると，アイデアがうかんだ！

割りばしをきれいに割る方法

牛乳パックのきれいな開け方

オモシロ誕生秘話

アイデボー・シアター②

肉じゃが

ときは明治時代――

えらい軍人さん　東郷平八郎

当時はほとんどの日本人が外国になんて行ったことのない時代。ビーフシチューに使うソースやワインも日本にはなかったんだアイ～。

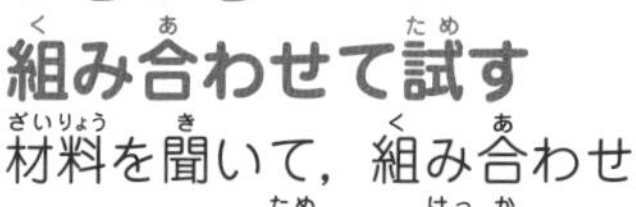

アイデボーCHECK！

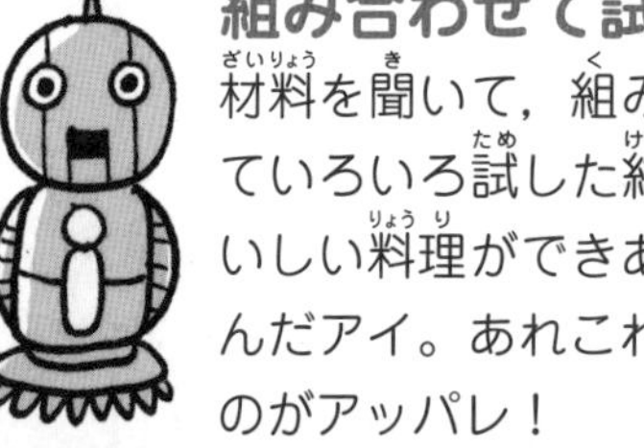

いろいろ組み合わせて試す

材料を聞いて，組み合わせていろいろ試した結果，おいしい料理ができあがったんだアイ。あれこれ試したのがアッパレ！

※肉じゃがの誕生には諸説あります。

3章

アイデアを生み出そう

テルが作った美顔マシーン、全然効かないじゃないの！
グオオオオ
わーイキナリ!!
それどころかしわが1本、増えてたわよ！どーしてくれんのよ！
目じりよっ!!
それはマシーンが追いつかないほど母さんの老化が進ん…。
ひぃぃぃぃ
待ちなさい、テルーー！
コノシワノウラミハラサデオクベキカ！
バタン
ズキューン
あーあ。せっかく発明の続きを考えたいのに外じゃなにもできないよ。
ヒュウウウウ
さむっ
なんでオイラまで…
んあ？
ヒュウウウウ
バサッ
あったかーい♥
ははは…。新聞は読むものだよ、アイデボー。
ロボットのくせに…

新聞紙1枚の使い方を考える

キター!!
100ワーーット!!
ひらめき
カッ
新聞紙は防寒具にもなるぅう!
まぶしっ
確かにあったかーい♥
ほっかほっか♥
新聞紙は読むだけじゃないんだよ…。
だろ?
?
王子のマント
なにそれ…。
名付けて!ポカポカ新聞シャツさ!
えっへん!!
ミラクルパーク
じゃあ、こんなのどうだ?
?
フォースのあらんことを
かぶとも折れるよ~。
でっかいおにぎりやぁ!
ガーピー
男子ってコドモね…
新聞紙1枚で30個の使い道を考えよ!
カタ
カタ
カタ
カタ
カタ
カタ
新聞紙1枚で30個の使
えーーー!
30個も!?

テルのまとめノート

アイデアをたくさん考えるわけ

アイデアは5個くらいまでなら出てきやすい！

アイデアを30個考えるのは大変だけどスペシャルができるかも！

新聞紙の使い道アイデア！

1. 丸めて武器にする
2. 体に巻いて防寒具に
3. 細長く切ってリボンに
4. 食べ物の形にする
5. 使わないもののカバー
6. お面を作る
7. マントにする
8. ものを包む
9. 窓やゆかをふく
10. 手でちぎって，長さ対決
11. なん回折れるか対決
12. 水にとかして紙すき
13. 家具の下にしいて，ゆかを守る
14. 1文字ずつ切り取り，つなげて文を作る
15. 記事の中から自分の名前を見つける
16. 鼻血が出たときに鼻の穴につめる
17. 小さくちぎって上から落として，ひらひらキャッチゲーム！

⋮

組み合わせ大作戦！

ほっ
はっ
シャッ
ファサ
てか…ドッジボール、あきたわ…。
じゃあ
ほかのこと
やるか？
でもぼくは
ドッジボールが
したーい。
ぼくも…。
ルールを
変えるか。
いきなり
言われても…。
ゴチャ
ゴチャ
ゴチャ
う〜ん…。
消しゴム付き鉛筆
みたいな…。
合体!!
前にそんな
こと言ってた
ような…
いいね！
なにか別のものと
組み合わせて
みよう！
イキナリ登場!!
アイ〜
ピー
ガー
組み合わせ大作戦
だアイ〜。
カタ
カタ
カタ
組み合わせ大作戦
?・?・?

アイデボーCHECK! 組み合わせるとナイスアイデア！

好きなもの同士を組み合わせてみよう！

ギャグを言いながらボールを投げるドッジボールに！

意外なものと組み合わせてみよう！

お話をつなげながらボールを投げるドッジボールに！

やってみよう

組み合わせて新しいゲームを作ってみよう

1 おうちで下のような簡単な素材を集めよう

- 割りばし
- プリンカップ
- クリップ
- ペットボトル
- 輪ゴム
- ひも

など…。
（大人の人に相談してね！）

2 3つの素材を組み合わせてゲームを考えよう

面白かったらOK！　組み合わせを変えてたくさん考えよう。

くわえた割りばしに輪ゴムを引っかけてプリンカップに運ぶゲーム。組み合わせ次第でもっと面白くなるぞ。※割りばしを口にくわえている人を押したりしないでね。

うーん。
今あるものでも
好きなもの同士や
意外なものと
組み合わせると、
新しくなるんだ
なー。
フムフム…
…ってことは…。
新しいとんかつが
生み出せるって
ことだ！
うおおお
かつカレーとか
すでにあるやつは
ダメだからな！
なんだか
アイデアが
わき上がって
きたよー！
フフフ…
ポク ポク
次の日——
おじゃましまーーす！
太平ちゃん
これぞ新しい
とんかつメニューー！
ホカ ホカ
ホカ
とんかつをとんかつで
はさんだ…、
名付けて！
「とんとんかつかつ
サンド」だっ！
はさむほうと、
はさまれるほうの
肉の厚さをびみょうに
変えることで
歯ざわりと
ボリューム感を
楽しめる！
まさに究極の
逸品なり！
グルメもうなる
おいしさだよ!!
うぬう
この歯ざわり
うまい!!!
いや
コレ…。
普通に
山盛りの
とんかつ
だぜ…。
すごい
油っぽ…。
ヒュウウウウ
…

ひらめきやすい場所

テルのヘや
じゃーん！
発明ナンバー89！
土足OK!
土足OK!!
名付けて！
「そのまんまスリッパ」！
説明しよう
「そのまんまスリッパ」とはくつをはいたままはけるスリッパなのであーる！
テル（談）
くつをぬがなくてもイイ!!
ただのものぐさだアイ…。
部屋にチリが増えるだけだアイ。
ムッ
部屋にこもって思い付いたんですか？
なぜか昨日、お風呂に入っているときに思い付いたんだよね。
キター
カコーン
へー…
なんだ、なんだ!?
またなんか口から出そうと…。
ピーガーー
カタ
カタ
カタ
カタ
カタ
カタ
カタ
いつもと違う場所で考えて
いつもとちがう場所で考えてみる!? だと!!!

ひらめきやすい場所ってどんなところ？

勉強机や自分の部屋だけがいいアイデアのうかぶ場所じゃないアイ。

いつもとちょっとちがう場所で考えると，思わぬアイデアがうかぶかも！

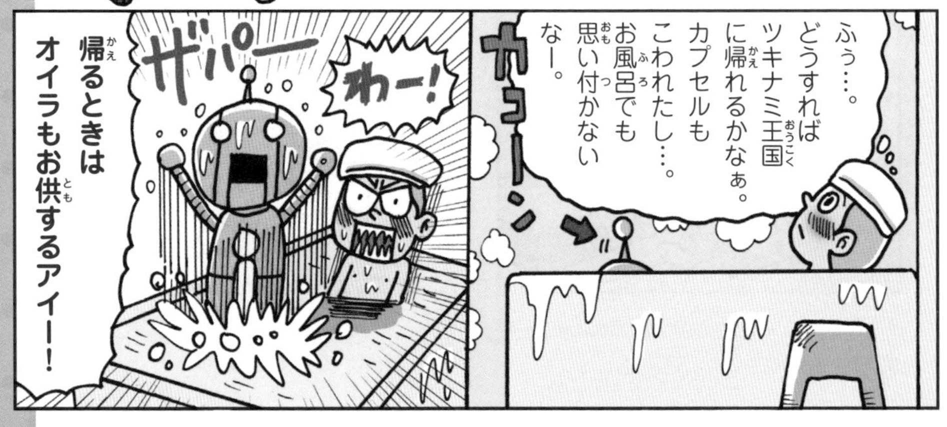

やってみよう

いつもとちがうやり方できっと なにかに気付くはずだ！

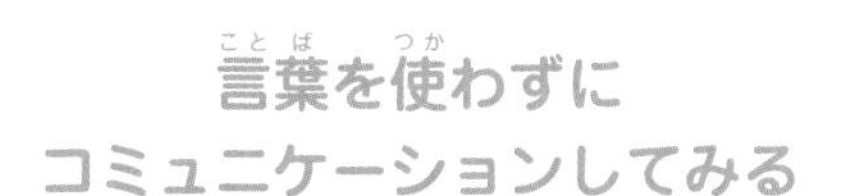

ジェスチャーで，言いたいことを伝えてみよう。言葉を使わないと自分の気持ちって伝わりにくいね。

いつもとちがうジュースをあえて買ってみる

自動販売機なら，となりのボタンを思い切っておしてみよう。お気に入り以外の味も知ることができるぞ。

いつもとちがうテレビを見てみる

あえていつもとちがうチャンネルで素敵な情報をゲットできる!?

髪型やファッションを変えてみる

新しい自分に出会えたり，友達の反応も楽しめるかも！

キターー!!
いつもとちがう髪型やファッションかぁ。
ホカホカ
スチャッ
おー、テル。もう風呂から上がったんかアイ?
は〜あったか〜
わたくしテルさんじゃ…。ハッ。今まで気付かなかったけどわたくしテルさんとそっくりです。
なんだー!王子かよ!テルにそっくりだアイー!
KAGAMI
いよおおし!これならきっといいアイデアが…。
ババッ
ひらめき100ワーッ…
変装するだけじゃダメだアーイ。
なにも出ないっスね…。
カコーン
こいこいこーいアイデアー!!
一時間後、テルはのぼせてぶったおれたとさ…。

文句にも耳をかたむけよう

名付けて!「ナイスキャッチごみ箱」だ!
あーん
説明しよう
はずしたごみもうまく回収してくれるごみ箱ロボである! テル(談)
これならスーパーの人も助かるはず!
ポイッ
ちーん
いきなりアイ〜。
あーーん
ギュン
あっ。
あっ。
ポス
……。
あ…今のはたまたまですよ! こんないいアイデア、なかなかうかばないですし!
そ…そうかな…。
……。
…。
別の日——
なんだこのごみ箱…。全然ダメじゃん。部屋、ごみだらけだし。
あ?
なんだって?
…。
もっとさー。口んとこを大きくしてさー。
なんだよ! 元気になにがわかるってんだよ! どんだけ頑張って作ったと…。
まー
まー

意見を味方にしよう

友達からのちょっと耳の痛い指摘や意見は，悪口じゃないアイ。アイデアをよくするためのヒントと思うアイ！

元気が，テルに厳しいことを言うが…

口が小さすぎる，動きが悪い

テルはその意見を参考に，もっと頑張れる！

ごみをうまくキャッチするには…

そうか…。元気、悪かったよ。きみの意見を、聞かせてくれ…。
キリッ
テ…テル!?
フム…。ここをこうして、こうすれば…。
キリッ
フムフム…
もはや別人 アイ…
次の日――
できたあーーー!
元気との合作!「スーパーウルトラナイスキャッチごみ箱」だ!
あのー。でかすぎやしないですかね…。アタマが…。
グラ
グラ
ほれ。
あっ
ポイッ
ガッ
やり直し
起こしてください〜

「もしも」でいろいろ考える

へー。こんなところに公園があるぜ。
ロックンロール パーク
もしも、ここに店を開くなら…。
じゅるっ
グウウウゥ
ぽすっ
とんかつ屋だろ、どうせ！頭の上にうかんどるわ！
ぼくは開発した便利グッズを展示するテル記念館がいいな。
テル記念館
オイラそこに代表作としてメインでかざられるアイねー。
アイデボーがもしもテル記念館の展示品だったら…。
とんかつ…
アイデボー
そこでも奥様のおしゃべりを聞く係だぜ！
「もしも」で話すだけでもけっこう面白いねー！
ピーガー
ハハハ
カタ
なんか口から出てんぞー。
「もしも」はアイデアにつながる
カタ
「もしも」はアイデアにつながる？

「もしも」はアイデアのもと

「もしも」で考えることで，新しいアイデアが生まれることもあるアイ！

おすし屋さんが…

「もしも」で
考えて…

携帯電話の開発者が…

「もしも」で
考えて…

※ 昔は携帯電話にカメラは付いてなかったんだよ。

アイデボーもしも劇場 その1

もしも…ぼくたちが無人島に漂着したら

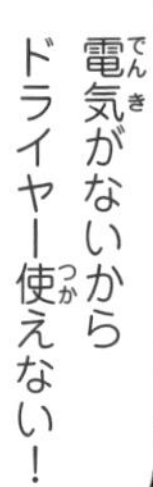

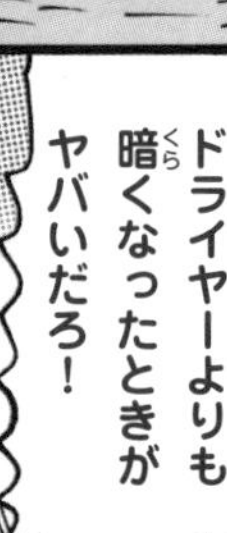

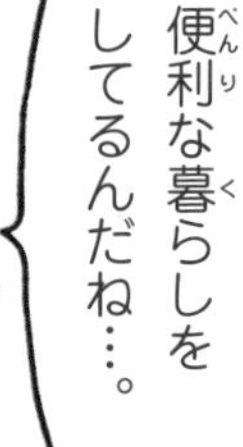

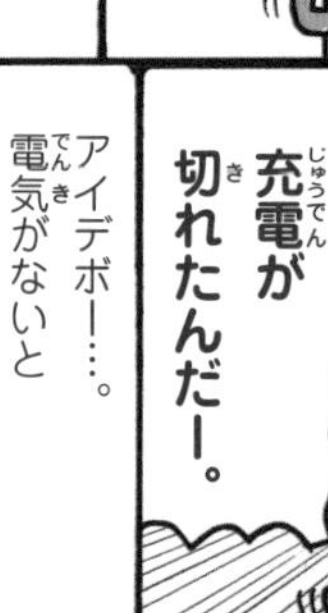

アイデボーもしも劇場(げきじょう) その2

もしも…ぼくたちがアイドルグループだったら

やってみよう

もしもきみがお母さんだったら？

どんな一日になりそうか考えてみよう！

- なにがあると便利になる？
- 困りそうなことはどんなこと？
- うれしいことはどんなこと？

⬇

お母さんの気持ちがわかるかも！

もしもきみがお店を開くなら？

どんなお店にしたい？

- なにをいくらで売る？
- お店の雰囲気はどんな感じ？
- どんなお客さんが来てくれそう？

⬇

興味があることが見えてくるかも！

もしもアイデボーが飛べたら…。
背中に乗せてもらってハワイにでも行きたいぜ！
ゴー
ボディーが重すぎて飛べないアイ〜。
大丈夫か…
重すぎるアイ〜…
パシャ
パシャ
飛ぶような機能、付けてないしなー。
パチンコ玉みたいに飛ばすのはどう？
わー！
ビシュッ
どうやって帰ればいいんだー！
IN HAWAII
…。
ほほ〜…いいかも…
たしかに…
帰ってくる方法まで考えないとダメだな…。
飛んでみたいアイー！もっと軽量化してほしいアイ〜。
パチンコ玉かー。どこかを強化すればもっと飛べるか…。
はっ!!
これで王子が国に帰れるかもしれない！
うおお
おおお
どした？
つづく…

オモシロ誕生秘話

アイデボー・シアター③

カップヌードル

カップヌードルも、面白い発想が生かされた商品なんだアイ。

トポトポトポ

アイデボー・シアター…。

スイッチ・オン！

お湯をかけるだけで食べられる、世界初のインスタントラーメン「チキンラーメン」が大ヒットしたあと――。

1966年――

うーん

なにかいいアイデアはないものか…。

世界中の人たちにもっと便利においしくラーメンを食べてもらえないか、日清食品社長の安藤百福さんはずっと考えていたアイ。

そして、どんぶりもおはしも使わない外国の人でも簡単にラーメンを食べられるように、フォークを使って食べる「カップに入ったラーメン」をひらめいたんだアイ。

アイデボーCHECK!

だれでも簡単に！

アメリカの人がチキンラーメンのめんを割って，紙コップに入れてフォークで食べているのを見て，だれにでも簡単に作れるカップめんをひらめいたんだアイ！

商品をたくさん作って、たくさん売るためには、工場で確実にカップの中にめんを入れる必要があるアイ。

しかし、カップに上からポトリとめんを落とすのでは、めんがこわれたり、入らなかったりでうまくいかなかったんだアイ。

ダメだ…

ポロッ

パキッ

百福さんは考えたアイ。そして、思い付くんだアイ。めんを下に置いて、上から逆さまにカップをかぶせ、最後にひっくり返すという方法を!!

アイデボーCHECK!

ちがう視点で考える

めんの上からカップをかぶせてひっくり返す，というアイデアを，「逆転の発想」でひらめいたアイ！　ありそうでなかなかないビッグ・アイデアだアイ！

ちなみに…。このアイデアのおかげで、工場でスムーズにたくさんのカップヌードルを作ることができ、お店まで運ぶ間に中のめんがこわれることを防ぎ、お湯を入れたときにもいい具合にほぐれることにつながったアイ。

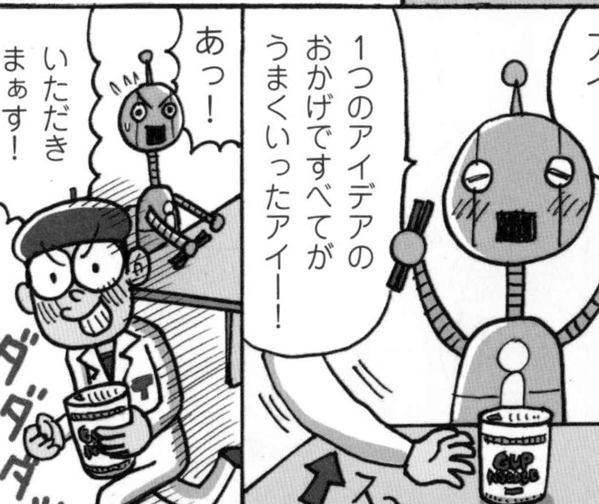

きっこが喜ぶ誕生日会って？

くっそ！負けねーぞ！
うおおお
ザ
シュッ
こっちだって負けねーからなー！
ズデー
アイター一ー！
ほら…。まだ走れるだろ。お前がいないと試合にならないんだ…。
ったくよー
スッ
お前ってやつぁ…。
それから話すようになり、意気投合！サッカーのイベントを共同開催することに！サッカーを愛する者同士、おたがいを高め合える、いい仲間になったんだ！
友情
オレたちはライバルだけど仲間であり、味方なんだ！
青春!!まさに青春!!
ア…アツイわね…
ライバルってたたかうだけじゃないんだ！
友情
カンドーしたっっ！
そうだっ
ガシッ
…。
…。

ま…いい話じゃないか…。ハハハ…。
やっとわかり合えたなっ！
あら★いい話といい・え・ば！今度の土曜日、あたしの誕生日会よん♥
ズイッ
キャピ♥
は！そ、そうだよね！
いよぉおし！ぼくが誕生日会を盛り上げたるぜーー！
いや〜ん♥楽しみにし・て・る♥
キャピ
今日はみんなアツイアイ。
ただいまー。
とは言ったものの…。プレゼントはどうしよう。
う〜ん
きっこちゃんはおしゃれだからなやみますね…。
う〜む。きっこになにをしてあげれば…。
ピーガ
おっきたっいつもの音!!
カタカタカタカタ
逆に考えてみる!?
逆に考えてみ

「逆に考える」ってなんだ？

ライバルの場合

「どっちがよいか」ではなく…

逆に考えて…！

たがいのよさを出し合って協力してナイスアイデア！

「～してもらう」場合

「教えてもらう」のではなく…

逆に考えて…！

「教えてあげる」ことで疑問点がわかる！

※テル

他にもないか考えてみよう！

ものを収納する場所がない場合
収納する場所を探すのではなく…

逆に考えて…！

見せる収納でおしゃれな部屋に！

君のまわりには，どんな「逆に考える」があるかな？

…ということは、きっこにおしゃれにしてもらう!?
きっこちゃんプロデュースですね!
それいいかもアイ～!
次の日――
…ということなんだ。
自分の服を全部持って行くの?
少ないほうが難しくていいかもな!
取りかえっことかもいいかもですね。
仲間と考えると力が集まるアイ～。
うん うん
ワイ ワイ ワイ ワイ
きっこの誕生日会――
おめでと――!!
しーーん
ありがと――!……って……。プレゼントは?
プレゼントは「きっこにコーディネートをしてもらう」だぜ!
よっ!おしゃれ番長、きっこ!
きっこ好みにしてくれよ…。
モジ モジ
よ～っし任せて!かっこよくしてあげるんだから!!
よっ おしゃれ番長きっこ!!
ドレス着てた

ポイ ポイ ポイ ポイ ポイ ポイ ポイ ポーイ
できたーーー！
お父さんから借りたハット
お父さんのマフラー
お父さんのコート
元気のキャップ
元気のＴシャツ
元気のハーフパンツ
ステキよっ！
お父さんのハット
全部お父さんに借りた服
きっこのニット
きっこのママのセーター
フッ
どーよ、あたしのアレンジセンス！
ズーーン
きっこすげえや！みんな別人みたいだよ！
オレってかっこいいだろ？
…
あー！楽しかった！あたし、人のお洋服をコーディネートするのは初めてだったの！
喜んでもらえてすごくうれしい！
今日の誕生日会、とっても楽しかったな…。将来はスタイリストになろうかしら。みんなのおかげで夢ができた…！

勉強もアイデアで乗り切る！

はぁ…。都道府県の名前と場所が覚えられません…。
ぼくも〜。
オレも〜。
テルはどうやって覚えたんだ？
トイレに地図をはったんだよ。
ダハ君もやってみたら？
やってみたんですけど…。
パパさんを困らせただけでした。
京都は…
ダハ君！早く、早くぅうう！
あっ…
ドンドン
ドンドン
んまー……
ぼくはおいしいものなら覚えられるんだけどな〜。
オレは暗記なんて無理だぜ！体、動かしたいぜー！
それ両方、ナイスアイデアだー！
くわっ

テルのまとめノート

ひと工夫で覚えよう

名物と結び付けて覚える

食べ物や有名なものなど，覚えやすいものと結び付けてみよう。

各都道府県にはたくさんの特徴があるよ。調べて一緒に覚えると頭に残りやすいよ。

体と結び付けて覚える

体に覚えるものをあてはめて，イメージで覚えるのもおすすめ。

体に東北地方をあてはめてみたよ。体にたたきこむと，覚えられる!?

日本って、おいしいものだらけだな～。
愛知県のポーズ!!
愛知
グウウウウ…
キレてる!!
ムキ
ムキ
他にも覚え方がありそうだね。ぼくは語呂合わせで地方を覚えているよ。例えば中部地方なら…。「ニギ！ 太い足やな！」。各県の頭文字を並べたんだ。
に➡新潟県 ぎ➡岐阜県
ふ➡福井県 と➡富山県
い➡石川県 あ➡愛知県
し➡静岡県 や➡山梨県
な➡長野県 ってね！
ん？ 太い足？ 誰のことよ…
歌で覚えるのもよさそうね。「もしもしかめよ」のメロディーで…。
もしもし青森、青森県～ 秋田と岩手は となり県～ 山形、宮城、福島県～ 東北地方は 6つの県～。
へ～
太い足は
これって面積の公式にも使えそうだね。
たてかける よこ～ 四角形～
覚えてや～
?
いいかも!!
グッ
じゃあ、これは！ んぐぅ！
名物は りんごっっ！
青森県でしょ！
?
ポン
盛り上がってるわね…。
覚え方を工夫するだけで、どんどん覚えられるんだね…。
おいでませ山口県！
正解！

キター！　ひらめき100ワットー！
カッ
お題！物語で覚えよう！
いよっ
物語で覚えよう
あっ！ぼく、できるかも。
まず…。ぼくは青森県のりんご王なんだ！
悪いやつに追われ、岩手県ににげ、戦士わんこそばと出会った。それから秋田県に行ってなまはげを仲間に入れたんだ…。そして青森にもどり、力を合わせて悪者をやっつける…。
そう、これが東北の…。
ほう
ほう
わんこ
WANKO
トライアングル伝説だぁああ!!
うおおおお
そのあと、わんこそばはなまはげとフュージョンしてわんこそばとしてエクスプロージョンアタックを…。
ちょっとなに言ってるかわかんない…。
わー
わー

ツキナミ王国に帰るには？

カッ
はっ。そろそろ王国に帰る方法を考えなくちゃ！
ビビビビ
えーー。さみしくなるなぁ〜。
カタ…
だってわたくしは王子ですから！
フーッ
アイデボーも一緒に考えて…。え!? こわれたーーー!?
プスプスプスプス
プシ
カタ
イキナリ!?
とりあえず直さなきゃ…。また明日、考えるよ！
プスプスプスプス…
プシー
だ、大丈夫ですかね…。
なんでイキナリ…
悪いな、ダーちゃん。
フム…。しょうがないな…。
くるしゅうないぞえ。
ゴウ
く…くるしゅうない？
いよぉおし！方法を考えるぞ！

王国(おうこく)への道(みち)　アイデアを出(だ)そう！

カプセルを作(つく)る

仕組(しくみ)みがよくわかりませんでした。

瞬間移動(しゅんかんいどう)する

わたくしにそんな能力(のうりょく)はありませんでした。

パチンコで飛(と)ぶ

こ・れ・だ！

トランポリンだと…

よく張った強力なものは高く飛ぶ！

というわけで…

強力ゴムに！

ボールを投げるとき…

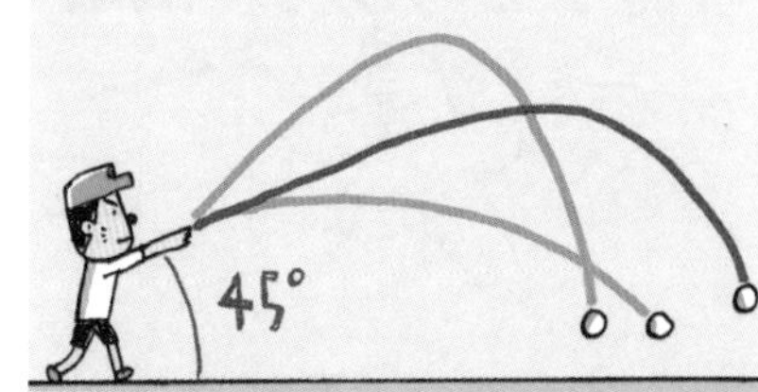

45度の角度で投げると一番遠くに飛ぶ！

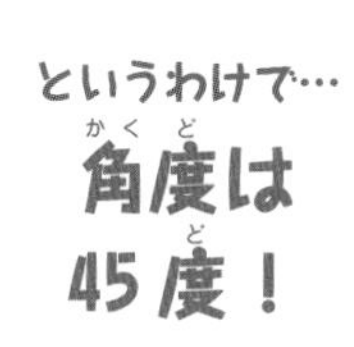

というわけで…

角度は45度！

身近なものから，成功するためのヒントを探ろう

鳥のつばさにヒントが…？

よく飛ぶ紙飛行機…？

考えるポイント

- よく飛ぶものの共通点は？
- その機能はまねできそう？
- 改良はできる？

これでカンペキよー！
…。
ン
クエー!!
ダメか…。
スタ
もういっちょ。
バッ
うおお
もーいっちょ！
バッ
くっ
ハァハァ
もういっちょいこー！
ヤァヤァ
もう夕日が出てるわネ…。
あぁ…。きれいな夕日だね…。
とんかつ食べたい…
もっと先まで飛ばしてやるぜ！
うん、まだまだこれからだよ！
けっこうつかれたけどねー。
よぉーーーし！明日も頑張ろーーー！
オー!!
ビシッ
ええハナシや…。
うんうん

元気の！小学生的くらしのアイデア☆2

静電気のにがし方

しゃっくりを止める方法

ひっく…ひっく…。あーー。しゃっくりが止まらなくて気持ち悪い！
ひっく
ひっく
ふむ…。しゃっくりか…。

びっくりさせられても、水を飲んでもダメだったよ！ひっく！
ひっく
ひっく
フフフ…。仕方ない、教えてやろう。
フフフ…

秘技！ツボおし！
サッ
え!?ツボ!?

フフフ…
くいっ
くいっ
両手の人差し指をそれぞれ耳の中に入れ、耳のおくを30秒ほどツボおしする技である。
※指を耳の奥まで入れすぎないようにご注意ください。

はっ！止まった！すごーーーい！
スッキリ！
くいっ
くいっ

優しくおしてな！
簡単だろ〜！
フハハハハ
シャー…っ
わーーー！どこ行くんだよ！

王子が語る！ ツキナミ王国の日常

Q ごはんの定番は？

A やはり一汁三菜が基本ですね。国民はみんな，食事は朝7時，昼12時，夜7時に家族で食べていますね。

※一汁三菜とは，ごはんと汁物，おかずが3品の献立のことだよ。

Q お土産といえば？

A ズバリ，ようかんです！ 上品であますぎず，だれでも食べやすいので喜ばれます。ずっしりと重いのもポイントですね。

Q ペットといえば？

A イヌかネコですね。たまに小鳥やハムスターなどを飼っている国民もいるようです。わたくしは断然，ネコ派です！

Q ダジャレといえば？

A **「ふとんが ふっとんだ!!!」**

……ですね。ええ。

本当に
フツー
なんだなっ!!

4章

アイデアを実現させるには？

アイデアは発表しよう

キイ〜〜コ
は〜。来週の子ども祭りのクラスの出し物、今日も全然決まらなかったなー。
学級会で——
絶対ファッションショーがいい!
いや! サッカー劇だ! 主役はオレな!
やっぱ、おいしいあげ物の屋台でしょ…。
グウウ
やいの やいの やいの やいの
※テル
ちょ、待てよ! ぼくの発明品の展示なんてどう?
う〜ん。
全員が気持ちを1つにできて、来る人みんなが楽しめるものにしないとなぁ。
担任の先生。
ぼくのアイデアは…、言っても無駄かなぁ〜。
ハァァァ…
聞こえますか…。あなたの脳内に…直接呼びかけています…。アイデアは伝えないともったいない。心君、君はなかなかのアイデアマンだアイ…。
え!? アイデボー!?

アイデボーCHECK! アイデアは発表しよう

頭の中にあるアイデアは，人に知ってもらってこそみんなに使われて，役に立つんだ。そうして，さらにいいアイデアになっていくこともあるんだアイ！

人に伝わるように発表するには

- 自分のアイデアを整理して，きちんと考えをまとめる
- わかりやすく発表できるよう，文章や絵にして準備する
- アイデアに名前を付けると，イメージしやすいよ！

せっかくのアイデアも伝え方が悪いと，興味をもってもらえなかったり，印象よく受けとめてもらえなかったり…。それって，もったいないアイ！

いよーし。学級会を始めるぞー。
子ども祭りの出し物を決める
ワァ
ワァ
せっかく考えたんだから、発表するぞ！
サッカー劇で決まりだよー!!
グッ
はい！ぼくの案も聞いてください！
バッ
おっ。心。めずらしいじゃないか。
物を決める
へー、心だって。なんだ？
いつもおとなしいのになー。
ぼ、ぼ…ぼくは…。大人から子どもまで楽しめるおばけやしきがいいと思います。
教室を真っ暗にして、来た人をおどろかせる、名付けて「暗闇でドッキリ大作戦」です！
ドキ
ドキ
なにそれ！面白そうじゃん！
やってみたい！
よっしゃ！出し物はおばけやしきに決定だな！
どうやってこわがらせる？
ゾンビの格好、したーい！
真っ暗なだけでこわいよー。
発表してよかったな…。うれしい…。
ワイ
ワイ
ワイ
ワイ

子ども祭り当日――
おどろかす側もドキドキするね…。
シッ。だれか来たぞ！
おはか
あわわわ…。こわすぎる…。もう帰りたい！
暗くてなにも見えないアイー。
ヒュ～ドロドロドロドロ
よし、来たっ！こんにゃくこうげき！
ぺたっ
ほげーー!!
ぷっ
はっ、この声は!?
ゴラァァア！テルゥウウ！
ギャー！おばけー！
キィイイイ！またしわが増えたじゃないのー!!
クワッ

アイデアは捨てずに置いておこう

アイデアはためておこう

アイデアは思い付いたときに すぐに使えるわけじゃないんだ！

よいアイデアだけど，自分の知識や技術では実現できないようなひらめき

今すぐではないけれど，いつかなにかの役に立ちそうなアイデア

使えるタイミングを待とう！

そのためには…

せっかくのアイデアを忘れないようにノートに書いておくアイ！ときどきそのメモを読み返すと，頭の片すみに置いておけて，必要なときにアイデアをスッと出せるんだアイーーー！

君もアイデアノートを作ってみよう！

我が国も宇宙に行けるかも!
メモメモメモ
ゴー
これは我が国にもほしいお店だ!
うまい!!
メモメモ
メモメモ
グウ〜…
ナーゴ
おぉ! これはしつじぃが喜びそうなトイレだ! メモ、メモ!
?
アイデアがたくさんたまってきたねー。
はい〜。でもホントに役立つのでしょうか?
へ〜すごいや
アイデアノート
あせらないで! 日々うかぶアイデアたちを信じて書きためようぜ!
フン
すごっ
アイデアは一日にしてならず…ですね。
フフフ…。実はとっておきのアイデアがあるんだ。
フフフ・・

じゃーーん！
こ、これはっ！アイデボーに似てるけど…。
アイデボーにガールフレンドを作ってあげたくてさ。
吸いこんだろかアーーイ！
ダダダ
ゴゴゴゴ
ンナーゴーー！
……。
……。
わーーーアイーーー！
バッ
ニャギーーー！
このアイデアを使うのはもう少し先かな…。
なるほど、なるほど。
ん？なにメモってんの？
リボンがあればたいていのものをかわいくできる！
なまはげ
NOTEBOOK
そっちかーい！

伝え方って結構大事！

おい！最近、元気ないな！
え!? そ、そうかな？ そうかも…？ (あ？ ぼくか？)
パスーッ
あいてっ
お前じゃないよ。ダハ君のことだよ！
なに言ってんだよ
あぁ…。そろそろ王国に帰るから、さみしいのかもね。
言葉足らずだな…。
よっしゃ！ オレはひらめいた！ ダハ君のお別れ会をやろう！
カッ
バッ
それはいいけど…。どんな会にするんだよ？
ドーン！と派手にやるんだよ！
スゲーテンションだな…
こう…バーンとやって！ ドカーンと遊ぶんだよぉお！
しゃー！
じたばた
じたばた
バーンとかドカーンとか…。それじゃわからないよ…！こんな例があるよ。
ハァ
ハァ
ん？
なんなんだよもー

バナナ屋さんのアピールを見てみよう

テルのまとめノート

アイデアをうまく伝(つた)えるには？

わかりやすくする

写真(しゃしん)やイラストを使(つか)って
説明(せつめい)する！

例(たと)え話(ばなし)で
イメージしやすくする！

興味(きょうみ)をもってもらう

面白(おもしろ)く話(はな)して
とっつきやすく！

決(き)めゼリフや大(おお)きな声(こえ)で
ハキハキと話(はな)す！

みんな、聞いてくれ! もうすぐ帰国するダハ君と楽しい思い出を作るお別れ会を開きたいんだ!
名付けて!「ダハ君と丸一日遊びまくろうDAY!」
ダハ君と丸一日遊びまくろうDAY!
内容はこちら!
目的:ダハ君との楽しい思い出を作って笑顔で帰国してもらおう!
内容:朝からサッカー
昼食後はゲーム大会
夜は花火大会
他にもアイデアを募集中だ! 君たちの参加を待ってるぜ…。
いいね! 楽しそう!
やろう、やろう!
みんなでおそろいのTシャツを作ったらどうかしら?
ぼくはお昼ごはんのメニューを考えるよ!
よし! みんなでできるボードゲームを作るぞぉ!
それじゃ、みんなでやるぞー!
オーーーー!

ダハ君のお別れ会当日――
宣誓！　ぼくたちは今日一日、ダハ君と思いっきり遊ぶことをちかいます！
ワー
ダハくんと丸一日遊びまくろうDAY!!
ワー
ワー
シュート！
ドカ
ナイッシュー
まいうー
ワイ
ワイ
ワイ
ワイ
今日一日、楽しかったなー！
花火ってなんてきれいなんだろう！
ダーちゃん、お楽しみはこれからだぜ！
え？
今回の企画、みんなでアイデアを出し合ったんだぜ！
え!!

みんなでアイデアをパワーアップ！

数日前――
お別れ会、せっかくだからダハ君をびっくりさせるようなことをしたいんだ…。
みんな、一緒に考えてくれないかな…。
いいね！のったぜ！
あたしも！
ぼくも！ぼくも！
お別れはさみしいけど…。
どーんと元気よく送り出したいよな！
打ち上げ花火とかどう？
ドーン
イルミネーションもいいよ！
とんかつ
いいね！思い出のプレゼントだ！
ぼくのお父さん、イルミネーションが趣味なんだ！
まいう
PAPA
どや！
そ…そうなんだ…。
ここをこうやって…。こういうのはどうだ？
いいかも!?
いいね！
ワイワイワイワイ

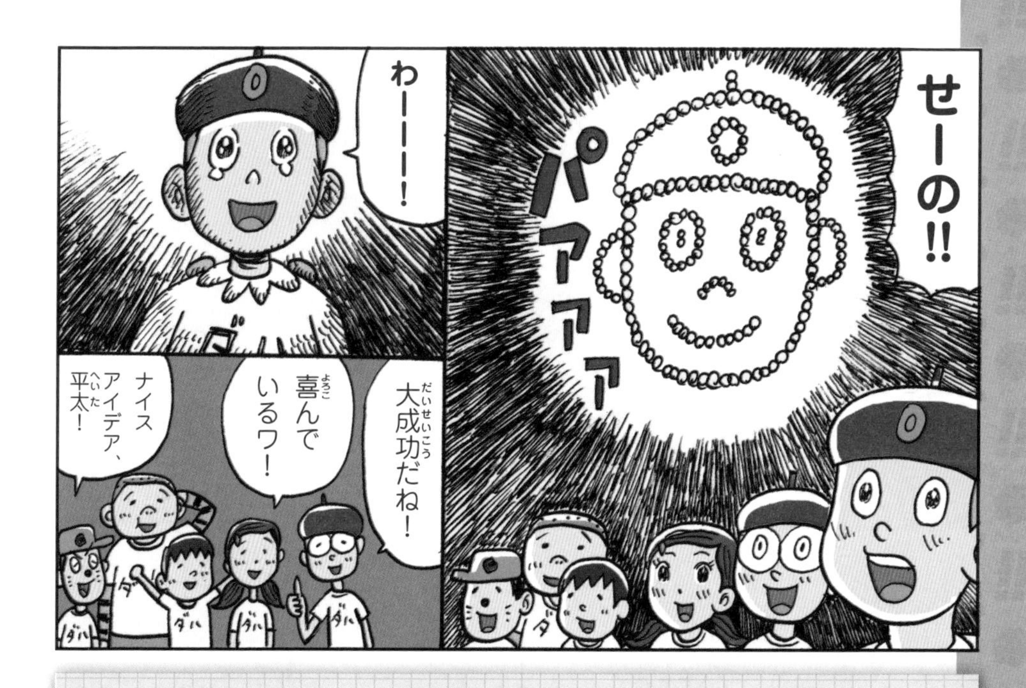

テルのまとめノート

アイデアは、いろんな人の力を借りるとパワーアップするぞ!

友達や身近な人と一緒に考えることで，素敵なアイデアがひらめくことも！

他の人を巻きこむことで，自分一人だけではできなかったことができるかも！

一人より二人、
二人より三人…。
みんなで考えた結果、
こんな素敵なアイデア
になったんですね！
グス…
"三人寄れば
文殊の知恵"って
いうからね！
ぼくたちは
五人だけど！
わたくしは今回の留学で、
考えることの素晴らしさを
たくさん知ることが
できました。
グス
みなさん、
本当に…
ありがとう…。
ぼくたちも
ダハ君と
過ごせて、
とっても
楽しかった
よ！
わーーん!!
ギューン
わーー！
アイデボーが
泣いてるー！
泣いてなんか
ないアイ！
これはあせだ
アイ！
みょーん
あせっていうか、
エンジンの
水蒸気だろ！

エピローグ
ツキナミ王国――
ゴォォォォ
ふむ。王子もすっかり考える力が付いたようじゃ…。留学は大成功…。
せいこう…はあああ…
はああああ!
ズキュウウウゥン
ビビビビ
ズキュウゥン
ババをひくがよい…
フフフ…
スック
ん? どうした、ダーちゃん。
ババだアイ〜…
ニャー!
わたくし、国へ帰ります!
グッ
え! いきなり!? なんだよ、そんなに急いで帰ることもないじゃん!
いや…! わたくしはツキナミ王国を発展させなければならないのです!

シュートいくぞー
ステキ
うおおおおお
あーん
とんとんかつかつサンド
わたくし、みなさんと出会えてよかったです…。
ぐす…
みなさんのおかげで、いっぱい成長することができました。
ここで学んだ考える力でツキナミ王国を素晴らしい国にして…。
ぐす…
ぐす…
みなさんにもよいお知らせができれば、と思います。
あぁ…、きっとだよ！ぼくも王子といて、考える力がみがかれた気がするよ！
うう～…
うぅ…。いつ帰ってきてもいいのよ…、ダーちゃん…。
のぞいてた
うう…
ははは…

次の日――
ホントにこんなんで帰れるのかな？
行ける気がします！
今度はオレたちがツキナミ王国に行くぜ！
元気でね…。いいアイデアがうかんだら伝えるよ！
君のおかげで考えるって楽しいなって思ったよ。ありがとう…。
王子はもう素晴らしいアイデアマンよ！あたし、結婚して王女になってもいいわ！
え？きっこ…。
よーし！いくぞー!!
いけー！
そろそろじゃの…。
せーの！
それっ
ビビビ
それーーーー!!
ドドドド
ガッ
え!?

わーー！アイデボーー！なんでいるのー!?
マントが引っかかったアイーー！
アイデボーが一緒に飛んでったぞ！
うそーー！
キーーン
わーー
着いたー!?
ドーーン
なにごとじゃ!?
王子!? 王子が帰ってきた!?
シュウウウウ
プスプス…
フォッフォッフォッ。留学はどうじゃったかの？
王様！
はいっ！素晴らしい経験でした！わたくしに王国を改革させてください！
フフフ…。実はこの留学、ワシがすべて仕組んだことじゃったんじゃよ。フォフォフォフォ…。
えーーー！どゆこと!?

まあまあ、よいではないか。
では、これから王子に国の一切を任せることにするぞえ…。
大丈夫かの？
お任せください！では手始めに…。おしゃべりお掃除ロボアイデボーに頑張ってもらいましょう！
え!?
アイデボーー！行くぞ！早速お城の掃除だ！
アイアイサー!!
フォフォフォ…
ダッ
あーあ。王子もアイデボーもいなくなってさみしくなっちゃったな。
ナーゴ
テルー。ごはんよー。
はーい。
カチャ
お先だアイー♥
えーー!?